Min Skønne Rejse

Kunsten i farver, former, sten, ord, glæde,
eventyr, drømme og fantasi.

af Britta Elhøj Greve

Min skønne rejse

Kunsten i farver, former, sten, ord, glæde, eventyr, drømme og fantasi.

ISBN: 978-87-7170-013-8

© 2025 Britta Elhøj Greve

Alle rettigheder forbeholdes

Omslag og grafisk tilrettelægning: Diana Sommer

Redaktion: Anne Elhøj og Britta Elhøj Greve

Forlag: BoD · Books on Demand, Strandvejen 100, 2900 Hellerup, bod@bod.dk

Tryk: Libri Plureos GmbH, Friedensallee 273, 22763 Hamborg, Tyskland

Indhold

Forord 06

Kunst 07

Begyndelsen 09

Livsstilskæden Sinnerup 18

Wall-art og Pixiebog 23

Malede huse 23

"Fortællestenen" 34

Mit indtog i Paris 40

Malerejser 41

Donation 46

Og hvad så nu? 47

Det poetiske hjørne 52

Ode til glæden 54

Citater om venskab 56

Haiku 58

Digte som jeg holder meget af 60

Egne digte 61

Fortællinger 98

Stemningsbilleder 124

Epilog 133

Skulle jeg leve mit liv om 135

Forord af forfatteren

Yggdrasil, *Ask Yggdrasil*, verdenstræet. Livets træ der fra krone til rod går gennem
verdens tre planer: himmel, jord og underverden. Det står midt i verden som en
slags verdenssøjle. Livets træ er i Det Gamle Testamente det træ, der giver evigt liv.
Livets træ symboliserer liv, vækst, fornyelse og visdom.
Livets træ er ofte et symbol på håb og fremtid. Og på styrke og mod.

I flere tekster er det et stedsegrønt asketræ, og i toppen sidder en ørn.
Træet skal vandes for at få næring til vækst og forblive stedsegrønt.
Livets træ er kimen til vækst og styrke.

Ligesom livets træ skal vi mennesker også have næring for at udvikle os - ja for at
leve. Ofte går vi ind i os selv foran lærredet eller har næsen dybt begravet i vores
poetiske tekster. Totalt opslugt og lukker omverdenen ude. Har ikke brug for den.

Ofte går vi et skridt tilbage for at observere, om farven nu også er den rigtige og vi
læser højt af vore tekster for at sikre os, at det udtrykker det, vi ønsker.
Vi finder titler på vores værker og tænker, er det nu, som det skal være?
Det skal sige noget men ikke for meget.
Beskueren skal tænke selv – ja der er mange forskellige meninger om det.

Vi kan i kunsten finde glæde. Vi kan undre os, drømme og fantasere.
Vi kan frydes og skabe lige netop den form for kunst, vi ønsker i farver, former,
malede sten, ord, glæde, og skabe eventyr. Vi kan drømme og fantasere og få ideer,
vi kan omsætte på lærred, papir, sten og mange andre kunstarter.
Et kik til Cassiopeia en stjerneklar nat giver inspiration til et poetisk liv.
Vi skal ikke glemme, hvad musikken også kan bidrage med til inspirationen.

Wyrd bid ful aræd
Skæbnen er uafvendelig

Kunst

Hvad er kunst - ja hvad er det?

Lad os lige få styr på hvor mange kunstarter vi kender, og der er sikkert flere.

Lad mig blot nævne, maleri, skulptur, keramik, glas, fotografi, arkitektur, litteratur, teater, filmkunst, digital kunst, musik og dans.

Kunst er vel friheden til at skabe. Kunsten kan påvirke helbredet og opmuntre til sundhedsfremmende adfærd. Kunst er udtryk og følelser. Kunst kender ingen grænser.

En kunstner kan være skabende f.eks. billedkunstner eller forfatter, udøvende f.eks. en skuespiller eller musiker. En kunstner er et kreativt individ, der kan frembringe et eller andet. Jeg mener også, at kunst skal have et personligt præg, og håndværket skal være i orden.
Når jeg ser på mine billeder og malede sten ved jeg, at de i hvert fald opfylder begge kriterier.
Det kan så også diskuteres, idet det ikke er sikkert, at alle synes det. Men har jeg en følelse af, at det kan jeg godt være bekendt, det opfylder mine egne krav, så er det optimale vel nået for mig. Jeg har prøvet at finde definitionen på god kunst. Den findes heldigvis ikke, og må være op til den enkelte at vurdere.

Hvor langt går begrebet kunst tilbage?

Et arkæologisk fund i Tibet fortæller os, at for omkring 200.000 år siden lavede børn aftryk af deres hænder og fødder. Nu er de netop blevet udnævnt til verdenshistoriens allerførste kunstnere.

Citater fra kendte kunstnere

"Kunstens inderste væsen er at gribe mennesket"
Asger Jorn

"Himlens skuespil overvælder mig. Det forstyrrer mig at se halvmåne eller solen på en enorm himmel. I mine malerier er der desuden små figurer i store tomme rum"
Joan Miro

"Jeg bliver aldrig træt af en blå himmel"
Vincent van Gogh

*"Som barn er enhver kunstner.
Vanskeligheden ligger i at forblive det som voksen"*
Pablo Picasso

"Kunst er stort set et ja til livet"
Friedrich Nietzsche

*"Kunst er det, man ikke kan.
Hvis man kunne, var det jo ingen kunst"*
Storm P

Kilder: den danske ordbog, Det store danske leksikon, Københavns Kunsthandel, databaser

Begyndelsen

Min malerejse begyndte først for alvor i 2007, da jeg ikke længere arbejdede.

Jeg havde på det tidspunkt lagt min kunstneriske sjæl i Miros hænder.
Han optog mig så meget, så jeg måtte erhverve mig flere af hans kunstbøger. Jeg kiggede og kiggede dag og nat og begyndte ligeså stille at lade mig inspirere til mit eget finurlige og figurative Miro univers.

Figurerne blev mine legekammerater. Ofte havde jeg en sol og en stjerne med på billederne.
Jeg begyndte med meget små billeder i 10x10 og fik solgt en del af dem. Ganske langsomt blev jeg mere og mere modig og i løbet af relativ kort tid vovede jeg mig op i store størrelser på lærred. 100x100 og større.

Jeg skabte også en del billeder på 250 gram akvarelpapir, og de billeder var der heldigvis rift om.
Jeg fik på de udstillinger, jeg besøgte solgt en del af mine store billeder på sort baggrund.

En anmelder skrev: "Hendes farver er, trods de er kraftige og intense, blide og varme og holdt i en klar varm farveholdning. Hun har skabt sit eget billedsprog – et hvor glæde, som budskab går hånd i hånd med glæden ved farver, mønstre og strukturer. Ingen rette linjer og skarpe kanter".

Det er dog kommet til senere.

- MIN EGEN DRØM -

Rum til fortælling

Jeg ønsker at skabe rum til fortælling, og min fortællelyst kommer til udtryk i mit ofte fabulerende univers.

Mine billeder og malede sten relaterer til en verden, vi alle kan genkende gennem leg og fantasi.

Mine billeder er legende, fabulerende og fyldt med livsglæde. Farverne repræsenterer alle stemningsbilleder. Oftest udstråler mine billeder på lærred og papir en umiddelbar glæde.

Der er en fortælling at bygge videre på. Brug den dejlige fantasi vi alle er født med, og forhåbentlig har du bevaret den.

Inspirationen

Jeg har gennem årene været fascineret og derfor inspireret af Miro, Picasso, Hundertwasser og Klee samt vores egen danske Knud Nielsen. Amerikanske farverige kvindelige malere giver mig energi til at male videre i mit univers og ind imellem forsøger jeg at være lidt mere "rolig" i mine udtryk.

For år tilbage skabte jeg på malede granitsten Picassofortolkninger, og det blev en stor succes. Jeg fik solgt over 30 bemalede granit -, mark - og strandsten.

Malede granitsten

- GLÆDE -

- MØD MIG PÅ CASSIOPEIA -

Akvarelpapir

– INGEN TITEL –   – INGEN TITEL –

– PINGVIN DANSER –   – JEG SÆTTER MIN HAT SOM
                                    JEG VIL –

Livsstilskæden Sinnerup

I 2010 fik jeg en aftale med Livstilskæden Sinnerup, der bad mig tegne og male nye billeder – 15 stk. i 10x10 cm. Der blev udvalgt 10 billeder, som blev kopieret på lærred i lange baner og i flere størrelser i Kina. Samtidig blev der produceret 2 puder, der blev en succes.

Jeg udstillede i Sinnerups butikker. Der var alt for mange kopibilleder og til sidst blev de solgt for ingenting. Ikke godt for en kunstner. Der var et ønske fra Sinnerup om, at billederne skulle opstilles i stakkevis. Samtidig var det en meget dårlig kvalitet, som mest kom til udtryk i de større billeder. Lærredet blafrede nærmest. Jeg kunne ikke acceptere at blive præsenteret på denne måde og samarbejdet ophørte.

Jeg fik min royalty.

Disse billeder blev produceret som puder

Udstillinger

Udstillinger blev en del af min hverdag både på messer, gallerier og kunstforeninger. Et stort arbejde er det. Ingen garanti for at sælge, men jeg har fået mange skønne oplevelser med dejlige mennesker.

En god kunstnerven af mig sagde på det tidspunkt. "Hvis Knud Nielsen så dine billeder, ville han sige ok, men du skal være mere fanden i voldsk".

Og hvordan bliver man lige det? Jeg forsøgte gennem længere tid at skabe et andet billedunivers, og det lykkedes mig.

Knud Nielsen 1916–2008
Knud Nielsen var en dansk Cobrainspireret maler. Jeg kan anbefale bogen "Drømmesamleren, Knud Nielsen og maleriet".

- EN SKITSE -

- FEST I DET GRØNNE -

- INGEN TITEL -

En bestilling til en grønlandsk musiker
Det blev vel modtaget i Grønland

Malet på en bakke

Wall-art og pixiebog

I 2012 samarbejdede jeg med et trykkeri, hvor ejeren var en meget aktiv og kreativ sjæl. Vi fik sammen taget initiativ til, at mine billeder kunne være et hit som wall-art.

Vi forsøgte at gøre kommuner og virksomheder interesserede i projektet, og vi fik produceret en wall-art til børnehaven i Ødsted ved Vejle. Den hænger der stadig og pryder væggen. Jeg selv fik dekoreret reservehjulet bag på bilen med et billede. Succes? Nej.

Jeg tegnede og malede billeder til en pixiebog udgave – Den røde tryllekurv. Der skulle samtidig produceres billeder i 20x20, som skulle sættes på "klodser". Købte man et billede fik man en lille bog. Jeg stod også for teksten. Vi fik kontakt til en bog-kæde, der gerne ville tage produktet, men da vi gjorde det hele op, blev det alt for dyrt. Så en sjov tid men det blev stoppet af økonomien.

Malede huse

I 2013 var jeg på kursus i Sydfrankrig ved den spanske grænse. Jeg ønskede at ud-vikle mig og komme lidt videre fra mine Miro og Picasso verdener. Jeg blev inspireret til at male huse på min helt egen facon, og det førte mig til den næste udvikling.

En lang periode med forskellige udfordringer undervejs.

Jeg fik kontakt med en kunde i Københavnsområdet. Det blev en stor kunde. Et dejligt menneske, som jeg besøgte flere gange og medbragte billeder og sten. Hun kunne undres og glædes. Vi hyggede, og jeg var i tårer, da hun døde midt i det hele.

– INGEN TITEL –

- INGEN TITEL -

- INGEN TITEL -

- INGEN TITEL -

- INGEN TITEL -

- DRØMMENS BY -

INSPIRATION FRA EN MALEREJSE TIL KROATIEN

- INGEN TITEL -

- INGEN TITEL -

- BYEN VÅGNER -

– HJEMVENDT FRA HAVET –

"Fortællestenen"

En journalist fra Give havde flere gange spurgt mig, om ikke jeg skulle bidrage med en skulptur til Skulpturby Give.

I 2013 startede jeg så et vidunderligt projekt med at male en 2 tons marksten, der er skabt af et flere millioner år gammelt klippestykke fra istiden. Ført hertil af bræernes vældige kræfter sandsynligvis fra de norske fjelde.

Bestyrelsen for skulpturbyen sagde ja til min ide om at skabe en sten med fortællinger om en by, og de mennesker der var bosat i de forskellige huse. Jeg forestillede mig barndommens by med drømme og fantasi, og det blev til "Fortællestenen". Når man skal fortælle historier, skal man kunne sidde ned, så der blev også skabt siddesten rundt om "Fortællestenen".

Jeg skulle tænke stort – 2.80 i den nederste rundkreds. Jeg lavede nogle skitser – højden skulle jo også passe. Jeg lagde papir ud i de rigtige størrelser og 2.80 m langt. Tegnede og tegnede.
Stenen blev fundet og gjort klar til, at den skulle pudses hos stenhuggeren, som jeg samarbejdede med, og siddestenene blev ligeledes fundet og slebet til. Der skulle også findes en sokkel.

Malingen var jo meget vigtig, og jeg fik en professionel rådgivning og fik indkøbt maling. Lokalet blev fundet i Givskud med den nødvendige udluftning, og hvor jeg kunne gå til og fra. Stenen fik en tynd hvid grund maling. Mine lange tegnede papirer, der var min forestilling om, hvordan "Fortællestenen" skulle se ud, duede ikke. Jeg måtte konstatere, at det slet ikke passede til stenens struktur og udseende. Den lange skitse blev kasseret, og jeg gik i gang med på ny at tegne min by op direkte på stenen. Jeg havde et størrelsesforhold, som jeg vidste, jeg skulle forholde mig til,

En meget hurtig udviklingsproces

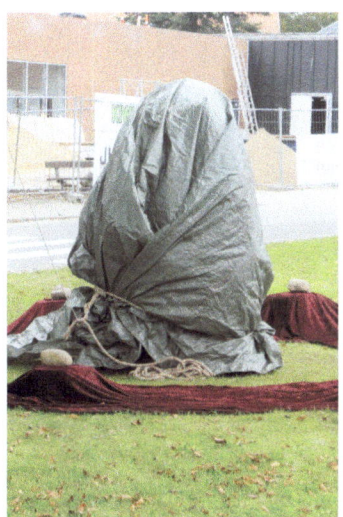

Stenen hejses til sin første køretur

Stenen på plads på Bøgetorvet

men ellers var det bare at begynde at lege. Der blev tegnet også katte, barnevogne, cykler, lygtepæle og træer blev tænkt ind i opgaven.

Den lokale presse sørgede løbende for god underholdning i form at artikler og billeder om, hvor langt jeg var i processen. Projektet fandt sin form og efter 250 timer, kunne stenen flyttes og placeres, hvor Skulpturby Give ønskede, den skulle stå. Der var fernisering med stor festivitas og omtale i september 2013. Det var et skønt projekt og dyrt, som jeg selv betalte.

Ved ferniseringen blev der i en tale sagt "I Jelling har de Jellingestenen samt andre historiske mindesmærker, men nu kan vi med stolthed her i Give også fortælle vidt og bredt om vores egen "Fortællesten". Den slags her er simpelthen med til at sætte Give positivt på Danmarkskortet", og det skal vi være stolte af.

Stenen er blevet flyttet et par gange, idet man flytter lidt rundt på de forskellige skulpturer. Det er jo en tung sag at flytte på.

Der blev digtet fortællinger om livet i den glade by, og det var en skøn oplevelse at læse disse historier i den lokale presse.

Jeg fik lavet en julehistorie om livet i alle husene. Nisserne var nu flyttet ind og skabte en masse forviklinger. Alting stod om morgenen helt anderledes, end da man gik i seng. En morgen kommer alle børnene for sent i skole. Alle urene er stillet 2 timer tilbage. Der er blevet byttet om på gaverne. De rette ejere skal findes og så blev det endelig jul. Efter juleaften søger alle nisserne igen ud i de store skove og til deres huler, hvor de sover for at samle kræfter til næste år.

Miniaturesten

På opfordring fra flere sider om at skabe miniatureudgaver af stenen, blev der skabt mange sten i forskellige størrelser, og de fleste sten er solgt. Jeg har haft den glæde, at på mine udstillinger rundt omkring er disse sten altid blevet rost og solgt.

Børn fra skoler i Give fik som en opgave at male mindre granitsten med huse inspireret af "Fortællestenen". Herligt.

Fortællestenen solgt

I 2016 fik jeg en henvendelse fra Lions i Give, der gerne ville købe "Fortællestenen" for derefter at donere skulpturen til Kulturhuset i Give og bibeholde placeringen på plænen ved kulturhuset. Det var et ønske, at skulpturen blev i byen, og vi fik aftalt en pris. Det var ikke en pris, jeg var enig i, men med udsigt til, at den måske skulle hjemtages, sælges til et eller andet sted, ja så mente jeg, at det, at "Fortællestenen" kunne blive i byen, var det, der var vigtigt.

Jeg afleverede den i fin stand. Desværre er der ikke i dag den store interesse for at vedligeholde den med ny maling. Jeg har tilbudt at gøre det, men man siger, der ikke er er penge til det.

Ærgerligt.

Mit indtog i Paris

Går jeg lidt tilbage til år 2013 blev jeg opfordret til at udstille på La Galerie Thuillier i Paris sammen med 3 andre kunstmalere, som jeg bl.a. havde truffet på et kursus i Sydfrankrig.

Det var en sjov men pudsig oplevelse med rød løber og champagne. Det var også en dyr oplevelse. Der var transporten af billederne, der skulle sendes for at blive hængt op, før vi ankom. Der var overnatning i Paris alle mand i samme lejlighed med koner og mænd i en uge. Derefter kørte jeg til Provence i en uge for senere at hente billederne med hjem. Nogle skulle afleveres i Luxemburg og nogle i København. Ingen af os fik solgt.

Inviteret til Japan og derefter til Hamburg, men mine udenlandsrejser var slut. Alt skal man selv betale og ved intet om, der bliver solgt.

Herlig oplevelse var det.

Malerejser

I mange år har jeg her i landet deltaget på udstillinger rundt omkring. Lidt foredrag om min rejse i kunsten er det også blevet til. Dejlige malerejser i Frankrig, på Symi og i Kroatien.

Jeg har til stadighed forsøgt at udvikle mig og mine udtryk. Eksperimenteret med collager, som jeg finder spændende at skabe dejlige billeder i og mundblæst tusch og blæk på akvarelpapir.

Jeg er stadig der, hvor jeg fantaserer og leger mig ind i de fortællende billeder og håber til stadighed på at møde mennesker, der elsker farverne, glædes ved det, de ser, bruger fantasien og selv bygger videre med deres egen historie. Det er lykkedes meget godt, og jeg finder for nuværende ingen anledning til at ændre det.

Skønne oplevelser med købere rundt omkring. Som da jeg blev ringet op af en kunde fra Odsherred der sagde "Jeg har set et billede i avisen, og det må du ikke sælge. Det vil jeg have". Så bliver man jo glad.

Billedet s. 41 " Når kirsebærtræeerne blomstrer" blev kørt til Odsherred og hører til min periode med fortolkning af landskab.

Er der intet, der har været øv. Jo ikke at få solgt eller komme i kontakt med besøgende. Se på alle dem, der bare går forbi uden at standse op, undre sig og sige, hvad mon kunstneren mener med det. Hvad har kunstneren tænkt på i kreativiteten. Alt for mange har glemt barnets undren i sig.

Når man står der time efter time kan det være en lidt sur omgang.

- NÅR KIRSEBÆRTRÆERNE BLOMSTRER -

- TROLDESKOVEN -

En lille serie af små håndmalede collager. De kan bruges som
bogmærke med en lille hilsen skrevet bag på.

INSPIRERET AF AMERIKANSKE KVINDELIGE MALERE TIL AT SKABE MIT KVINDEUNIVERS

– FORELSKET I LIVET –   – HVILKEN HÅRPRAGT –

- FORTROLIGHED -

Donation

Jeg kan jo blive ved med at fortælle og vise billeder. Det får aldrig ende. Men det gjorde det så for mig for en stund, idet jeg i 2023 besluttede at skrive mine erindringer. En rejse jeg i mange år havde ønsket mig. Jeg havde en del billeder stående og fylde op, og jeg tænkte, at de måtte kunne skabe glæde på sygehuse.

Vejle og Kolding sygehuse var meget interesseret i at modtage billeder, og jeg var i kontakt med mange afdelinger. I fællesskab fik vi fordelt 45 billeder. Nogle ønskede collager, nogle landskaber. Andre fabulerende billeder og andre igen noget andet f.eks. kvindebilleder. Alle fik vist det, de ønskede.

Jeg har siden hørt, at hensigten med at skabe glæde hos patienter, pårørende og personale har båret frugt.

Det er meget glædeligt.

Og hvad så nu?

Mine erindringer og Min skønne rejse er nu færdig skrevet og venter på at blive trykt. Og hvad så nu spørger jeg mig selv.

Jeg kan jo ikke lade pensler og lærred bare stå der og vente på, jeg går ombord i kreativiteten igen.

Jeg har lige så stille fået gang i mine pensler. Jeg har for nuværende meldt mig til 2 udstillinger i 2025 for ligesom at prøve mig selv af. Skal jeg i gang igen på udstillinger eller? Måske.

En designer fra North Carolina skrev "hvilken smuk grafisk styrke". Så bliver man glad. (se s. 48-49)

Jeg har lavet en serie med mundblæst tusch og blæk. (se s. 50-51)

En serie "Skov og krat" fyldt med fortolkninger og fantasi. Her er fugle, dyr, skovbund, slåenkrat, vandsprøjt og træstammer.

Her er metamorfoser. F.eks. Muldvarpen, på side 50, der havde et ønske om at få vinger og blive til en svane.

Tænk at kunne flyve frit i luften og slå kolbøtter. Muldvarpen blev til en svane.

- EN BY I PROVENCE -

- EN BY I PROVENCE -

Metamorfoser

Er det en ælling, der basker med vingerne, eller en muldvarp der altid
har ønsket at flyve og måske blive til en svane. Skøn fortolkning i
pustet blæk/tusch i serien "Skov og krat".

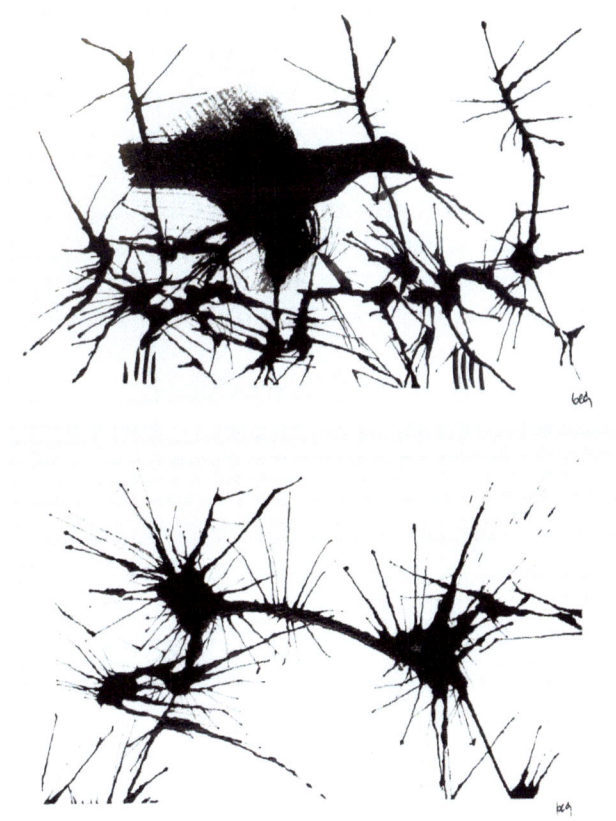

– FRA SKOV OG KRAT –

Vi bevæger os nu over i det poetiske hjørne med storslået musikalitet.
Her finder vi citater om venskab, digte, poesien fortalt i et billedsprog i stemning
og følelse, små eventyrlige fortællinger. Det hele fyldt med glæde, lidt mystik i
fiktion og virkelighed.

I egne digte, stemningsbilleder og korte novelleagtige fortællinger blandes fiktion og
den virkelige uvirkelige virkelighed i skøn forening.

Drømme flettes ind, så man snart ikke ved, hvad er drøm, og hvad er virkelighed. Vi
er vidne til flere metamorfoser. Her må læseren finde sin egen tolkning.
Jeg har i flere år være fascineret af en lille sart kirkeugle. Og da jeg skulle finde uglens
modsvar måtte det blive en ørn. Det fine og sarte og det store, stærke og beskyttende.

I eventyret er alt tilladt, og her tager den lille sarte og kloge kirkeugle ofte over, og
sammen med den stærke og beskyttende ørn fortæller de deres historie som ugle
og ørn. Og nogen gange er de pludselig noget andet.
Uglen og ørnen kan i glæde, tanke, i drømme og fantasier altid vende tilbage til den
skønne senere beskrevne hule, og der finde den nødvendige ro viklet ind i fjer og fryd.
De kan frit flyve omkring. Søge mod havet, stranden, skuden, den klukkende å, flyve til
Cassiopeia og til Edur, hvor meget poetisk liv begyndte.

Uglen og Ørnen kan opleve stjernestunder. Fortælle historier, diskutere alverdens
ting, lytte til deres elskede musik og opleve kropslige klange og rytmer. De kan ligge
under sengetæppet på de nye puder og holde i hånd. Række ud og kysse hinandens
næsetip. Smile og sige – hvor er vi heldige.
Lad dig rive med, og måske bliver du til noget helt andet i dine drømme og fantasier.
Ønsker dig en god rejse.

Wyrd bid ful aræd
Skæbnen er uafvendelig

- GLÆDENS HØJHUS -

Glædens højhus blev skabt til udstillingen Ode til glæden i Mariager

Ode til glæden

En ode er et andet ord for hyldest
"Til glæden" er en ode skrevet i 1785 af den tyske digter og dramatiker
Friedrich Schiller.
Den er kendt, fordi Beethoven satte musik til den i sin 9. symfoni.
Komponeret i 1823.

"Til glæden" (An die Freude, Ode to Joy) blev Europas hymne i Europarådet i 1972,
og den er i dag vedtaget i Den Europæiske Union.

Melodien er majestætisk og storslået.

Den skal minde os om det europæiske fællesskabs fredelige og demokratiske
grundlag.
Schiller skrev digtet i årene lige før den franske revolution.

Glæden beskrives som en gnist, der kan overvinde alle konventioner
og skabe politisk drivkraft. Alle mennesker bliver som brødre og stræber begejstret
efter en bedre verden. Schiller skriver bl.a., at vi skal lægge vores harme og hævn til
side, og vi skal tilgive.
Glæden fremkaldes af venskab, kærlighed
Digtet var oprindelig på 23 vers.

Beethoven blev meget fascineret af teksten og han ville have, at Ode til glæden
skulle være det store finalenummer i den flotte koncert, han kaldte for "Symfoni nr.
9." Sidste sats i symfonien.

Han baserede sit musikalske værk på Schillers digt.
Beethoven arbejdede med musikken i 12 år, og på det tidspunkt var Beethoven nærmest døv. Fantastisk at skabe musik, som man ikke selv kan høre.
Han var ikke mere end 15 år, da han blev betaget af Schillers digt.

Jeg ønskede i 2021 at udstille under temaet Ode til glæden i Galleri Vognporten i Mariager med inspiration fra Schillers glædesdigt.

I min fordybelse blev jeg, mens jeg lyttede til Beethovens symfoni nr. 9, inspireret til mit billede "Glædens højhus".

Jeg tog udgangspunkt i begreberne venskab, kærlighed, drømme, forsoning, sympati og ligeværd.

Der er i billedet elementer fra lyset, naturen, en ny dags begyndelse og relationer til leg og fællesskab.

Glæden udløser entusiasme og drivkraft.

Jeg har senere haft den store glæde at overvære en vidunderlig koncert med opførelse af Beethovens 9. symfoni.

Hvor storslået.

Citater om venskab

"Livet er virkelig simpelt. Men vi bliver ved med at gøre det så kompliceret"
Konfutse

"Brug ikke mere tid på at diskutere, hvordan et godt menneske skal være. Vær et!"
Marcus Aurelius

"De mennesker som får mest ud af deres liv, er ikke dem, der har levet i hundrede år.
Men de, der får mest ud af hvert minut"
Ukendt

"Musik skal ikke blot klinge skønt, musikernes ansigter skal også lykkelige"
Herbert von Karajan

"Familie er ikke en vigtig ting. Det er alt!"
Michael J. Fox

"Børn er nøglen til paradis"
Barbara Bush

"Musik er en højere åbenbaring end al klogskab og filosofi"
Beethoven

"Humor er åndens solskin"
Edward Bulwer-Lytton

"En ven er en, som giver dig mulighed for at være fuldkommen dig selv"
Jim Morrison

"Tingene er aldrig helt så uhyggelige, når du har din bedste ven ved din side"
Bill Watterson

"Den bedste healing terapi er venskab og kærlighed"
Hubert Humphrey

"En loyal ven er mere end tusinde familiemedlemmer værd"
Len Wein

"Lad være at gå bag mig, jeg leder måske ikke. Lad være at gå foran mig, jeg følger dig måske ikke. Gå ved siden af mig og vær min ven"
Albert Camus

"Det bedste, jeg kan gøre for min ven, er blot at være hans ven"
Henry David Theoreau

"Fuglen har sin redde. Edderkoppen har sit spind. Manden har venskabet"
William Blake

"Venner er den familie, du selv har mulighed for at vælge"
Jesse Scott

"Gode venner er som stjerner. Man kan ikke altid se dem, men man kan være sikker på, at de altid vil være der"
Ukendt.

Haiku

Haiku digte beskriver dybe sindstilstande eller dybe sandheder om livet med få ord.
Opstod i Japan helt tilbage i 1600-tallet. Digtet skal bestå af 17 stavelser.
Den første linje 5 stavelser, anden linje 7 og sidste linje 5.

Jeg er blevet fascineret af disse digte og måtte have nogle med.

Sommerfuglene
hvorfor bruge mange ord
et kan gøre det

Fisken svømmer rundt
i det isne kolde vand
sneen kommer snart

Den lille larve
springer frem fra sit skjul
bliver sommerfugl

Hører mit hjerte
for første gang i lang tid
take it easy boy.

Tigeren springer
over træer og buske
på jagt efter fisk

Sommeren er her
græsset med fuglesang
varmt og dejligt

Går ud i natten
to stjerner leger gemme
bag bøgehækken

Små blade lyser
nye i solens varme
forår indeni

Blade er gule
de falder fra træerne
sneen kommer snart

Niende april
abrikostræet blomstrer
sorgen ligeså

Nypudset rude
haven et mylder af liv
her − ikke en lyd

At tro på sig selv
på denne frostklare dag
uglen fryder sig

September varme
brombærkrattet rødt og sort
som mine arme

- ØRNEN OG UGLEN -

Digte, som jeg holder meget af.

Jeg fandt en sang her på vejen
Jeg fandt en sang på vejen
en lille hjemløs en,
med store runde øjne,
og to små trætte ben!
Den sad og var bedrøvet,
og græd sig helt itu,
for ingen havde prøvet,
at synge den endnu!

Jeg talte venligt til den
og sang den lys og glad
og ga´ den klokkeblomster
viol og kløverblad.
Så sprang den op fra vejen
ind i min øregang
nu er den helt min egen
og ingen andres sang
Halfdan Rasmussen

Rosenknoppen
Rosenknop så fast og rund
dejlig som en pigemund
jeg dig kysser som min brud
yndigt mere du springer ud
nok et kys dig læben sender
føl, hvor jeg brænder
H.C.Andersen

I sommerskyen er du klarest
Jeg ser dig, i sommerskyen!
blidt sejlende på himmelens blå hav –
aldrig ens – men altid dig –
beroligende helt lige som manna.
Jeg mærker dig, i sommervarmen –
ømt strygende henover kinden –
så hjertet bliver varmere,
som en varm sommerdag midt i august.
Jeg hører dig, i løvets hvisken,
i granernes vilde sus,
og træets sagte nynnen,
som en vuggesang ved nattetid.
Benny Andersen

En varig byrde
Med ingen kan man dele de inderste tanker.
Det vigtigste i verden er man alene om.
Det er en varig byrde. Det er en sagte glæde.
At her kan ingen nå dig og ingen lukkes ind.
Tove Ditlevsen

Egne digte

Digte er noget meget personligt, men det er en væsentlig del af mig, som få har kendt til.

Poesi betyder at skabe. Og når vi snakker om sproglig poesi, kan ordet skabe det, det siger. Poesien har enorm dybde, glæde, smerte og konsekvenser, som alt andet i livets forhold. Poesien er et stærkt redskab til at udtrykke følelser.

For mig er den poetiske verden vidunderlig. Den har sat sit præg på mange af mine tanker i dag. Digte bruger hele ordet, både lyden, betydningen, udseendet, rytmen, historien, stemningen og billedvirkningen, alt bliver brugt for at skabe en verden for læseren, hvor hun/han kan finde sig selv.

Jeg har fundet en stærk side i mig selv ved at skrive digte. At kunne udtrykke sig og leve sig ind i bare nogle få linjer er dejlig livsbekræftende.

Jeg vil lige nævne Højsangen, som får nogle til at ryste på hovedet. Hvorfor egentlig. Den er til tider erotisk. Ja, men erotik har vi alle brug for. Får vi den ikke af naturlig vej, kan vi gennem det skrevne og vores forestillingsevne leve os ind i sproget og derved få opfyldt vores længsel efter en erotisk verden. Højsangen handler i bund og grund om forelskelse og kærlighed mellem to. En mand og en kvinde.

Mine digte er skrevet i et sprog, de fleste forstår, nogle kærlighedsfyldte, lidt sorg-fyldte og lettere erotiske. Nogle skrevet som fiktion og andre ikke. Som oftest er mine digte fyldt med drømme og fantasi. Og hvem har ikke drømme, der ønskes udlevet. Jeg er en drømmer, når jeg bevæger mig i poesien.

I modsætning til prosa behøver poesien kun få linjer til at fortælle "historien". Se de skønne eksempler på Haiku digte. (se s. 58)

- HVAD MÅNEN FORTALTE -

Hvad månen fortalte
Min gartner rækker ud
og griber min hånd.
Han fører mig gennem
den frodige haves
lystige gange og
kringlede kroge.
På en eventyrbænk fortæller vi
om skovens mange hemmeligheder
og om månens leg i natten.

- I HAVN -

I havn
Kaptajnen styrer sin skude
sikkert i havn gennem
det oprørte hav.
Det er den smukkeste skude i havnen.
Under dækket er der et kærligheds fyldt rum,
som kun de to elskende har nøgle til.

Kimen

Kimen, frøet bliver til blomst
vokser med opgaven
stråler – er stolt
en stjerne er født
årets julestjerne

Et stjerneskud i stjernevrimlen
lysende og klar
aldrig alene
præget af optimisme
i et funklende skær

– SUCCESFABRIKKEN –

Her er en digter, der har bevæget sig gennem skoven med de
store gamle træer, hvor en ugle og en ørn har deres hule. Her
mødes de med alle skovens dyr og synger og danser. De drikker
alle snapse og helst slåen, men porsesnaps kan også gå an. Er det
en metamorfose? Hvem ved?

Engang
Engang vil vi favne og ikke slippe
Engang vil vi elske til natten er omme
Engang vil vi ikke forlade hinanden
Engang vil vi for altid høre sammen
Engang

Ventetid

At vente er er en underlig ting
At vente kan være godt for en
At vente kan være nødvendigt
At vente på noget uopnåeligt
At vente giver stadig håb
At vente på det kæreste
At vente på kærligheden
At vente giver troen på livet
At vente på kys og kram og smil
At vente på det bedste jeg ved
At vente giver mig stadig troen
At vente på dig min lykke

Åh hvilken lykke
Uglepigen savnede sin ørn
han var fløjet fra hulen i
den sene mørke aftenstund
hun tænkte han trængte
til at være sig selv lidt.

Må han snart komme tilbage
jeg kan ikke sove uden ham
vi skal favne hinanden
ligge tæt og kysse næsetip
under vores skønne tæppe.

Med vingesus og kærlighed
kommer han og favner mig
under sin kappe af fjer
gemmer sig slåengrene
en kærlig gave fra hvor åen ender.

Kærlighedens fiberbolle

Jeg plukker dig i stykker
bid for bid
en bid for dit smil
dine udtryksfulde øjne
en bid for din mund, dine kys
dine blide kærtegn
en bid for din styrke
din svaghed
en bid for din givende
modtagne krop
en bid for dine stærke
søgende hænder
en bid for glæden, livet, dig
bollen er spist, krummerne med
fiberen tynger i maven
men i mit hjerte
er du og skaber lethed

Gennem luften

*Sender min kærlighed
gennem luften
giver den vinger
og den flyver til din favn.
Du sender din kærlighed tilbage,
og den lander i min favn.
Vi er et*

Gråd

Ørnen hørte uglens gråd
forlod gartnerens have
baskede med sine vinger
landede i hulen og fandt
sin ugle trist og ked
bredte ud sit favntag
hans ugle faldt til ro

Du dejlige

Dine bevægelser er bløde
til tider hårde
nogen gange er du lille
andre gange stor – meget stor
trænger ind i dit eventyrslot
jeg er din prinsesse
i eventyret lever de lykkeligt
til deres dages ende

Skæbnen

En kløft er mellem os
vi ønsker den ikke
det er virkelighedens
uvirkelige virkelighed
vi lever i en drøm
virkelighedens drøm
kløften kan vi ikke skræve over
det er skæbnen
jeg står ved kanten
og kan ikke komme over
til dine udstrakte arme
din favn, din varme, dine kys
måske i morgen
måske engang

Snavsede hænder

Min gartner går i haven med
snavsede hænder
mellem små blomster og kartoffelspirer.
Han tænker på sin rosenknop.
Åh bare hun snart blomstrede.
Jeg ville tage hende til mit bryst
og kysse knoppen min

En dag i maj
Mælkebøtte i tusind tal
så smuk i gul forårsdragt
optimistisk, rank og frodig
bor alle vegne
i vejsiden, i grøfter, på marker
og så kan den spises siger man
hvilken rigdom

Føl på markerne
afhængige af moderfølelsen
de små sorte og hvide lam
strækker sig i solen
store skove med vidunderlige farver
endeløse rækker af friske buske og
træer
tilbyder dig sit favntag
tag imod det

Jeg breder ud min hermelinskåbe
på et tæppe af mos og grannåle
kun høres vores åndedræt
glade fuglestemmer
vinden i træerne
ligger helt stille
stirrer op i himlen mellem graner
solen ler og leger

Dit hoved hviler hos mig
du sover - jeg passer på dig
ingen insekter får lov til
at slå sig ned på næsen
og forstyrre din tiltrængte fred
du vågner, smiler og konstaterer
"jeg har vist sovet"
Et sidste kærtegn
Vi må vist videre

Angsten for at miste

Angsten overvælder mig
angsten for at miste
det skønneste, der er til – dig
hvorfor er jeg angst?
du giver mig ingen grund
til at tro, jeg vil miste dig
tror jeg ikke på, jeg kan
leve op til forventningerne
om et fælles liv?
du giver mig
den største kærlighed
du ønsker, jeg skal være mig
jeg ønsker dig så meget
ønsker at vise dig, at du
er det dejligste for mig
ønsker at glæde dig
leve med dig
resten af mit liv
jeg vil ikke længere
være angst for at miste
det skønneste, der er til – dig
skulle jeg miste
er der nok en mening med det!

- MUSEN OG GULDÆGGET -

Det skete - tanker

Ansigt til ansigt
arm i arm
kind mod kind
hånd i hånd
mund mod mund
ej spids, men blød og rund
til sidst i favn
generte kroppe
lig de vuggende bølger
det sprudlende hav
hørte du mågens skrig
fryd oh fryd
afskeden kom
mund mod mund
ansigt til ansigt
var der en krusning
om dine læber
glimt i dine øjne?

Det skete blot i tanken

Egen idioti

Dagen er kommet
hvor vi sjældent ses
var det mon nødvendigt
for at overleve?
hader jeg dig nu fordi du
ikke elsker mig mere – nej
elsker jeg dig så stadig?

Tiltagende måne

Fra mit hjørne i skumringsskær
Kigger jeg på månen, der hilser
Tiltagende lyser den på himlen
Åen løber så lystigt og klukker
I træernes toppe sidder uglen
Og venter på sin ørns favntag

Jeg flyver med længsel i mit bryst
Flyver til skuden i havnen
Har husket nøglen
Lægger mig og lytter til havets brusen
og vindens stille vinde
der varsler om et gensyn

Vinden kalder på mig
ved ikke hvad den vil
den rækker ud og jeg
lader mig føre med
hvorhen hvorhen
jeg mangler fodfæste
og tør ikke slippe

I mørket

Uglen sad i mørket
ventede på sin ørn
Ørnen kom flyvende
med udbredte vinger
Han tog sin uglepige
i sin beskyttende favn
Kyssede den åbne mund
kom lad os lege i hulen
De elskede til morgensolen
varmede de nøgne kroppe

Styrke til livet

Dit kærlige blik
din blide berøring
siger mig mere end tusind ord
fylder min krop
med kærlighed og varme
giver mig styrke til livet
giver mig kærlighed
til også at elske dig

Hendes bolig
En ugle søger sin hule
det vil hun ikke skjule
hulen er hendes bolig
når hun ej er rolig
den favner hende
så varmt og kærligt

I dag – i morgen

Pludselig er du der
helt uventet
hjertet går amok
pulsen banker som besat
armene slappes
benene vakler
hvor skal jeg se hen
vælger at slå blikket ned
stemmebåndet svigter
skulle netop til at sige noget
kan ikke
er uden kontrol
bevæger mig bort
kun guderne ved hvordan –
jeg har set dig i dag
hvilken glædesrus
kan næsten ikke vente til i morgen

Våren

Dagene bliver længere og lysere
solen har fået overtaget
det kribler og krabler alle vegne
i jorden i buske i træer
i fuglene i menneskene
i dig og mig

Vintergæk og krokus titter frem
af den sidste smudsige sne
og snart står alle liljerne på spring
viser deres stadstøj
knejser med nakken
og bøjer af for vinden

Våren er kommet
den lette lyse tid
glade og forventningsfulde
tilfredshed i krop og sjæl
livet er forunderligt –
lad det vare en evighed

Vinterbørn er forvandlet til vårbørn
gadebilledet har ændret sig
de mørke farver er forsvundet
og nu ses bare arme og ben -
lidt for tidligt
men hvor svært det er at vente

Birken med den smukke hvide
stamme
er rede til at lade sig udsmykke
med de fine små sarte knopper
der bliver større og større for
til sidst at folde sig helt ud

Kirsebærtræet favner mig
hver morgen når jeg slår øjnene op
grenene smyger sig omkring mig
med de fine lyserøde blomster
der dufter
fælde dig vil jeg aldrig

Blot en tanke

Blot tanken om dig fylder mig
med frydefuld sjælefred
lukker mine øjne –
du føles så nær
fornemmer din ånde
dine kys mod min hals
dine søde ord
føler dine arme omkring mig
større tryghed gives ikke
mine bryster i dine hænder
mit skød vædes af lyst
du smiler
men det er blot en tanke

En lille såret kirkeugle

En lille såret kirkeugle
sad i de skønne slåenbuske
ventede på sin stærke ørn
såret var hun af de spidse
syle hun var landet på
må min ørn helbrede mig
såret er hun på krop og ked i sind

Er det min ørns vingeslag, jeg hører
komme nærmere og nærmere
pas på pas på de spidse syle
kom kom min ørn og få mig fri
lad os flyve til en stjerne i det fjerne
lad os favne i kærlighed

Det flygtige
Endelig
hænder der leger
kan ikke finde ro
blikke der søger
ønsker at holde fast
kroppe der mødes
hvilken fryd
alle spor slettes
blot ikke indeni
det flygtige
er ej så flygtigt mere

Spildte år

Jeg elskede en gang en anden
troede jeg –
jeg følte mig så forsømt af den
der elskede mig –
jeg higede efter opmærksomhed
opslugt af begær –
jeg var årsag til en del fortræd
det var ej det værd –
de spildte år forfølger mig
smerten kan ingen lindre –
angsten griber fat i mig
formørker mit indre

En dag – langt forude

Tilfældigt var det næppe
vore veje måtte mødes
en sorgløs verden
hvor tiden står stille
den findes lige nu
men hvor længe?
bevar denne stund
omhyggeligt og med forstand
noget af det dyrebareste
du måske skal eje
tænk ikke i dag
på den smerte
du nødvendigvis
må gennemleve
en dag – langt forude
skal du træffe et valg
valget er ikke i dag
tænk i glade tanker

En forårsdag i maj

En forårsdag i maj
du reder op til leg
i skønne rum
du gør mig så stum
vi kysser på mund
Vi favner, vi aer
på hinanden smager
i kærlighedens leg
en forårsdag i maj

Nysmeltet sne
Min elskede gartner.
Jeg har her til dig en udsprungen rosenknop.
Tag om mig. Pluk mig og tag mig tæt til dit hjerte,
og jeg vil klamre mig til dig som nysmeltet sne.
En vinterdag på en rasteplads.

To verdener

Den ene verden er vanens magt
hvor alle dage har den samme rytme
hvor ingen nye impulser opleves
hvor alting sker som i går.

Jeg ønskede engang en kaneseng
en seng som en hule med kun én madras
et sted hvor vi var nære
jeg fik aldrig denne kaneseng.

Den anden verden er det store ocean
- udfoldelsens rige
hvor intet er som i går
hvor alting er et kapløb med tiden
hvor glæden ved at være mig er stor.

Hvor jeg med omtanke yder og nyder
hvor en befriende latter gør godt
hvor alvorssnak beriger
hvor jeg kan elske og blive elsket
netop fordi jeg er mig
hvor stilheden er et sandt himmerige
 - min ø.

Lad os give hinanden en gave
én verden
det bedste fra begge verdener
hvor vi ånder frit
tør du? Kom.

En hemmelig drøm

Jeg lever i en hemmelig drøm
En drøm hvor jeg mødes
med en jeg elsker
En drøm der leder mig til et sted
hvor alt er fyldt med glæde
En drøm hvor tiden står stille
en hemmelig drøm lever jeg i

– SLÅENBUSKEN HVOR ÅEN ENDER –

Fortællinger

Jeg har som nævnt i flere år leget med tankerne om en ørn og en ugle og inspireret af det, har jeg nedskrevet skønne fortællinger.
Fortællingerne bliver levendegjort af drømme, fantasi, fiktion og metamorfoser.

Det er skønt at lade fantasien råde, og i eventyret er alt tilladt.

Uglen og ørnen kan i glæde, tanke, i drømme og fantasi altid flyve omkring. Søge mod havet, stranden, skuden, den klukkende å, flyve til Cassiopeia og opleve stjernestunder.
De kan fortælle historier, diskutere alverdens ting, lytte til deres elskede musik og opleve kropslige klange og rytmer. De kan ligge under sengetæppet på de nye puder i deres hule og holde i hånd. De kan række ud og kysse hinandens næsetip. Smile og sige – hvor er vi heldige.

Det må være skønt at være fri som en fugl.

Jeg vedkender mig, at jeg er en drømmer. Drømme jeg gør levende ved at udleve min fantasi.
Jeg har spundet tråde omkring to fugle, men det kunne ligeså godt have været en gris og en tyr, eller en giraf og en elefant, men det ville virke lidt gumpetungt. Selvfølgelig kunne jeg have anvendt metamorfoser, så grisen blev en ugle og tyren en ørn.

Jeg har altid sagt, at i mit næste liv ville jeg være en sommerfugl. Men jeg ville ikke vide, hvad der er sommerfuglens naturlige modsætning og dermed forvandling, så det blev en ugle og en ørn. Det sarte og det stærke.
Sommerfuglen er symbolsk kædet sammen med metamorfoser. Dens forvandling fra larve til puppe til sommerfugl. I græsk mytologi har Psyche (gudinden for sjælen) sommerfuglevinger. Så måske en metamorfose, men gudinden forvandler sig ikke helt til en sommerfugl. I drømme kan sommerfuglen være et tegn på forandring, forvandling.

Jeg forestiller ofte mig selv i et eventyr, når jeg hører musik, der betager og varmer mig. Der kører i mig en film, som jeg ved tankens kraft kan virkeliggøre ved visualisering. Jeg ser mig selv i situationer, som jeg ønsker mig i. Ofte i stærke følelser. Men min krop skal være med mig.

Nogen vil sikkert kalde mig lidt naiv. Men jeg tror på vigtigheden af at kunne leve sig ind i det, vi oplever gennem vores sanser.

Og min oplevelse er, at hvis vi har evnen og ønsker indlevelsen, så er tiltrækningskraften umådelig stor. Og drømme gør vi alle. Vi skal realisere vores drømme, hvis vi kan. Og acceptere at vi ikke kan det hele.

I mine fortællinger, stemningsbilleder og digte vil du finde mange ønsker og drømme.

"Fugle større end vinden.
Ved ikke hvor de skal hvile vingen"
Paul Èluard

Asketræet

Den sarte kirkeugle så sig omkring, mens hun fløj - først lidt højt og så lidt lavt for til sidst at finde sit skjul mellem grene og blade på asketræets smukke stamme.

Den lille smukke ugle med de vidunderlige øjne satte sig til rette og placerede sig, så hun kunne kigge ud og se på alle de glade mennesker, unge som gamle, der gik forbi. Mon nogen af dem var kærester? De så på hinanden, som om de var, for de smilede til hinanden og så forelskede ud og mange holdt hinanden i hånd.
Der var dog enkelte, der så ud som om, de ikke havde lyst til hinanden. Og nogen var helt alene, som hun selv.

Hun nød nu at være alene, for hun havde lyst til at tænke egne tanker og åbne op for sine drømme og fantasi og skabe århundredes eventyrlige fortælling. En historie baseret på drømme, fantasi, metamorfoser, meget fiktion og måske lidt virkelighed. Det skal være op til læseren, hvad der er hvad. At skabe sin egen historie sin egen tolkning. Det kan blive til mange nye eventyr.
Jamen kan en ugle skabe noget, der hører menneskeverdenen til?
Denne ugle kan, fordi det er en helt speciel kirkeugle. Det kræver mod at skrive og modet har uglen.
Uglen lukker sine øjne og åbner op for fantasi og drømme.

Hun ser for sig en 5årig lyshåret pige, der leger i sin mormors have i en lille landsby, hvortil man kommer med en rød rutebil. Rutebilchaufføren kender hun så godt.

Pigen bliver passet af sin mormor, og hun deltager glad i landsbyens og mor-moderens liv.
Hun oplever en verden langt fra byens travlhed og langt fra sin mor, far og søskende.
Her kommer fiskebilen og bageren, hvor hun får lov til at få en snegl med rigtig gul

glasur. Hvor ser det godt ud tænker uglen, der flyver lidt rundt.

Mon jeg kan få en bid.

Pigen lytter til morgenandagten. Hun ser på sin mormor, der synger meget højt, mens hun læser teksterne i en lille sort slidt og indbundet salmebog. De fleste tekster kan hun udenad.

Pigen med de lyse lokker forsøger at synge med, og mormoderen har givet hende en salmebog at kigge i. Læse kunne hun jo ikke.

Pigen nød denne stund i lyset ved vinduet mod haven og glædede sig til, at de skulle spille bold op ad muren mod brændeskuret.

I drømmen, som uglen har bevæget sig ind i, ser hun denne lille pige spille bold med sin mormor, mens kattene løber rundt omkring, og hun tænker, hun selv havde lyst til at spille med, men måtte se til på afstand. Hun satte sig til rette på en sten og nød latteren og mildheden.

Den lille pige bliver kendt af de gamle mennesker i byen. Hun bringer æbler til dem fra mormoderens have, og hun henter æg hos bondemanden. Uglen flyver med og holder øje med hende.

Pigen er kendt af dyrlægen, af lægen, hvor hun får renset de børnesår, der er årsagen til, at hun er hos mormoderen i meget lang tid. Hun går gerne til købmanden med en indkøbsseddel og den lille kurv.

De besøger kirkegården, hvor pigen med de lyse lokker lægger blomster på sin morfars grav.

Uglen gør dem selskab og flyver til den nærliggende kirke og siger hej, for det er jo en kirkeugle. Flyver straks tilbage.

Den lille pige elsker som sagt sin mormor og mormoderen forguder hende. Tætte bånd, der altid vil bestå.

Overfor mormoderens have med de skønneste og duftende røde roser ligger der en gård, og pigen ser en dreng komme løbende over markerne for at hjælpe sin far med at tage køerne ind. Og når han ikke gør det, så leger han med landsbyens andre drenge ude i den store skov.

Det må være spændende tænker uglen. Jeg tror, jeg vil følge dem en dag. Måske kommer jeg selv til en stor grøn skov med træer, der kan bruges til en hule.

Hun drømmer videre.

Årene går. Somre og vintre. Det blev til mange ture med den røde rutebil på besøg hos mormoderen. I bilen var der ofte en glad snakken, når de unge fra landsbyen tog hjem fra storbyen.

Med i bilen var der specielt en, der rørte noget i den nu unge pige. Drengen fra gården.

Pigens lyse lokker var nu blevet lidt brune, og hun var næsten altid klædt i blåt og lidt brunt.

Uglen gemte sig i hjørnet på bagsædet, for opdages ville hun jo ikke. Vingerne lagde hun så fint om sin krop, så alle troede, hun bare var en klud, der var glemt.

Lidt efter lidt og efter mange ture med rutebilen blev pigen og drengen, der kom løbende ved Tranegården oprigtigt interesseret i hinanden. Deres øjne mødtes og det slog gnister.

Uglen fulgte med, så til og gemte sig for ikke at blive opdaget. De var så glade disse unge mennesker og blev måske det, man i menneskeverdenen kalder for kærester. De skiltes dog uden at få sagt farvel og sporet forsvandt.

Hun grublede, mens hun sad i asketræet og tænkte, sådan kan fortællingen jo ikke slutte. Jeg må lave min egen slutning og begyndte at skrive på sin blok. For det kan en lille sart og klog ugle jo godt. Hun skrev videre på fortællingen.

Uglen lod de unge mennesker mødes igen og helt tilfældigt.

En gnist i rutebilen for få år siden, blev for en kort stund igen bragt til live. De mærkede en gensidig glæde over at se hinanden. Hvad skete der egentlig dengang? Intet blev nævnt og igen skiltes de uden et egentligt farvel

Uglen blev mindet om sin sammenkrøbne krop, dækket med vingens fjerpragt i sit skjul på bagsædet i det fjerneste hjørne.

Uglen tænkte over det, hun havde skrevet på sin blok, det lyder da meget fornuftigt, sagde hun for sig selv. Det er dragende. Ord giver altid mening. Ord har betydning også i en vekselvirkning mellem drøm, fiktion og virkelighed. Ord påvirker sindsstemninger. Ord giver mening også i en drømmeverden.

Uglen fortsatte sin historie på sin blok. Historien måtte finde sin slutning. Det var ikke nemt. Hun befandt sig i tankerne i en verden fyldt med poesi og lyrik. Fyldt med drømme og fantasi, fiktion og virkelighed godt flettet ind i hinanden.

Hun vidste, at historien ikke kunne ende lykkeligt. De kan ikke få hinanden, så hun måtte finde på den helt rigtige slutning. Skæbnen er uafvendelig.

Det skal være lidt smukt midt i det sørgelige, tænkte hun.

Uglen havde blundet lidt, og da hun igen blev nærværende, havde hun tårer i sine smukke øjne.

Hun havde ladet sig rive med af en meget smuk fortælling. Vigtigt for hende var det, at de unge mennesker fik sagt farvel. Uglen faldt endnu tilbage i drømme og fantasien og hun skrev og skrev på sin slutning. Der gik lang tid, før hun var tilfreds.

De unge mennesker knugede sig ind til hinanden, ville ikke slippe og tårerne fik frit løb. De fik omsider sagt det nødvendige farvel, og uglen lukkede sin blok med smil om sin mund.

Sådan, sagde hun. Det blev det smukke farvel. Eventyret har fundet sin afslutning. Det er både lidt vemodigt men også en fredfyldt glæde over, at de nu fik sagt det farvel, som måske vil vise sig at være umuligt.

Uglen sagde til sig selv. Jeg vil fortælle og læse min historie for min vidunderlige ørn, når vi i aften ligger under sengetæppet og fortæller hinanden historier, som vi gør hver aften. Hun tænkte bl.a. på "Billedbog uden billeder af H.C. Andersen. På "Falkoneren" "Brevet fra Helga", forskellige digtsamlinger og mange andre, mens vi lytter til Bach, Brahms´ Requiem og Tjajkovskij. Limelight ikke at forglemme.

Jeg vil putte mig ind til ham, og fra i morgen skal vi igen flyve frie og glade omkring og helst i al evighed.

"Jeg kommer nu store stærke ørn", sagde den lille kirkeugle højt.
Og hun lettede fra asketræet og så sig ikke tilbage.

Ørnen møder uglen

Uglen lettede fra asketræet og blev med kærlighed modtaget i hulen. Det var ved at blive mørkt, og min ørn var fløjet mig i møde og slog kolbøtter i luften, da han igen så mig.

Det blev aften. Mørket sænkede sig og en flot stjernehimmel viste sig. Vi lå under det smukke sengetæppe hånd i hånd. Vi lå stille en rum tid og kiggede på stjernerne. Jeg spurgte, om han kunne huske, hvordan de var mødtes.

Han fortalte sin version, som han kunne huske den. Du supplerer bare, sagde han til mig.

"Vi havde set hinanden på afstand i flere år, sagde han, og jeg kunne ikke glemme dig. Dine øjne var så smukke og milde.

En dag hvor jeg fløj rundt og nærmede mig kirken, hvor jeg sidst så dig, sad du i kirkens vindue. Det vindue, der vendte mod syd med mosaikker.

Du sad bare der og stirrede ikke efter insekter eller orme, men efter mig, har du fortalt. Og jeg kom svævende imod dig med udbredte vinger

Kom sagde jeg til dig du smukke lille kirkeugle.

Jeg har fundet en skøn hule til dig og mig i det store hule træ langt ude i skoven.

Du - min lille ugle - tænkte: Skal jeg væk fra mine trygge omgivelser, mit øverste fredfyldte rum i denne skønne kirke, hvor kirkeklokkerne ringer så smukt.

Og du tænkte dig længe og grundigt om".

"Jamen det var jo en stor ændring i mit liv. Turde jeg"

"Jeg vidste, det kunne blive svært. Jeg forsøgte med:

Vi fylder hulen med skønne malerier og dejlige farver, og du kan hygge dig og flyve frit omkring. Jeg holder vagt og passer på dig.

Og således blev det til, at vi, du lille smukke kirkeugle og jeg, din store stærke ørn, fandt en fælles bolig i det store gamle hule træ.

Vi flyver frit og glade omkring og leger tagfat.

Et herligt liv har vi.
Sådan husker jeg starten på vores kærlighed".

Uglen gav sin ørn et glad og forelsket smil og trykkede hans fjerklædte og varme hånd.
"Jeg har tænkt på dig, siden jeg første gang så dig", fortsatte han. "Nu er jeg her", sagde uglen og drejede sit hoved mod ham. Blinkede et par gange og så på ham med glæde. "Jeg har altid elsket dig".

"Lad os sove og drømme", sagde jeg.
Næste morgen fortalte de hinanden om deres drømme. Og omsætte dem straks til poesi.

Ørnens drøm
En kirkeugle flyver væk fra landsbyen
forsvinder ind i skovens kogleri
men længes uafbrudt mod det derude
mod det, der svæver, lyser: Poesi.

Er denne længsel efter det der svæver
mon kun en ugles drøm om tidløshed?
Er det en piges kærlighed, der væver
det første kys af ham med vægtløshed?

Hvad ved den ørn, du drømmer frem, min ugle
om poesi og kærlighed? Han ved
det findes i den høje, smukke hule
han ved, at det er evig kærlighed
at ord er smil der svæver let med vinden
han ved det, for han favner dig med vingen.

Uglens drøm

Luften er så mild
jordbunden lun og fugtig
knopperne står på spring
solen smiler til dig
og varmer din krop
Foråret er på vej

Fuglenes lystige stemmer
lyder fra de endnu
bare træer og buske
kondiløberne er forårskåde
ja – kan ikke lade være
Foråret er på vej

Havets salte dufte
bølgernes sagte brusen – snart
skal sandet varme nøgne kroppe
sten og skaller samles op
af drømmene sjæle
Foråret er på vej

Elskende mødes og
i tavshed nydes
den begyndende spire -
spiren til livet
der varmer dit indre
Foråret brød frem

10 dage

Jeg var så forelsket og mærkede, at min ørn var blevet mere tænksom de sidste dage. Ikke fordi han ikke var kærlig og beskyttende, og de små kys på næsetippen havde jeg fået. Men noget trykkede ham.
Jeg havde flere gange forsøgt at få en snak men forgæves.
Nej, der er ikke noget, sagde han.

Men ud med det, der trykkede ham, måtte han.
Da vi en nat lå i favn, hviskede han. "Kan du undvære mig i 10 dage?"
"10 dage gentog jeg. Hvad tænker du dog på".
Jeg viklede mig ud af hans skønne favn og satte mig op. "Vil du forlade mig?"
"Nej" svarede min ørn.
"Forlade dig gør jeg aldrig. Vi er hinandens for evigt. Det ved du.
Læg dig nu ned til mig igen. Føl min kærlighed og vær tryg".
Hun puttede sig ind til ham, og han kyssede hendes næsetip og øjenlåg. Og sådan faldt de i søvn og drømmeriget kom til dem.

Næste morgen fortalte den stærke ørn, at han havde fået en opgave med at skabe et værk om at finde, miste og få igen. Værket skal opføres i en kirke, og du min ugle sidder i det smukke vindue og lytter med.
Han var derfor nødt til at gå helt ind i sig selv og få skabt den nødvendige ro.

Det forstod uglen jo godt og var lidt stolt, "men hvem skal kysse mig godnat og hvem skal passe på mig", spurgte hun.
"Du kysser mig godnat ved at sende tanker og kærlighed ud i alle verdenshjørner og alt der imellem, og jeg passer på dig, selvom jeg ikke er helt så tæt på", sagde ørnen.

"Min elskede ugle", sagde han. "Nu går vi i et skønt skumbad og vasker hinanden over det hele. Så tager jeg afsted, og snart ses vi igen".

Han forlod hende med tårer på hendes kinder. Tårerne kyssede han bort og bredte sine store vinger ud og fløj mod øst i den opstående sol, der lyste himlen op i stærke varme farver, åh så smukt.

10 dage. Må de gå hurtigt tænkte hun, hans uglepige. Hun blev ved med at følge ham, indtil han var en lillebitte prik på himlen. Lille som et sandkorn.

Jeg hviskede. "Elskede ørn. Lov mig du aldrig helt vil forlade mig. Jeg er din for evigt". Jeg synes, det var hårdt ikke at være tæt på min ørn. Jeg hørte lyde udenfor hulen og så ud af åbningen –var det ham der kom tilbage? Havde han mon glemt noget, eller savner han mig så meget, så endnu et kram er nødvendigt?
Der var ingenting at se. Det var nok blæsten, der kaldte.

Dagene lå foran mig og jeg tænkte og snakkede med mig selv. Det nytter ikke noget at lave ingenting.

Jeg kunne lave et smukt sengetæppe, som vi kan putte os under, når efteråret kommer. Og så vil jeg skrive videre på mine små fortællinger om livet med min stærke ørn i vores vidunderlige kærlighedsrede.
Da natten kom, blev jeg urolig, må jeg tilstå. Jeg tænkte på ørnens ord om, at han var med mig. Jeg sendte tanker, kærlighed og fingerkys ud i alle verdenshjørner og alt der imellem.
Jeg savnede hans varme favn, og rakte ud efter ham, men han var der ikke.
Jeg lyttede til vores fælles musik, inden søvnen og drømmene kom til mig.

Jeg drømte, at jeg sad på en strandbred og spejdede ud over havet, og fra horisonten kom min ørn flyvende. Vinkede med sine vinger og satte sig og vi favnede og puttede os tæt ind til hinanden.

Næste morgen vågnede jeg op og rakte ud, og det gentog sig de mange efterfølgende morgener. Der var ingen at røre ved. Når jeg skulle sove, gjorde jeg det, vi havde aftalt, inden drømmen tog over.

Ørnen var med mig.

Gensynet

Der var stadig 3 dage, til han igen kom hjem.
Tænk hvis han ikke har nået det, han skulle, og jeg ikke får besked.
Tanken om, at der var sket ham noget, var ubærlig.

Sengetæppet var endnu ikke færdigt. Jeg havde fra første dag samlet, hvad jeg kunne af bløde græsser, store grønne og friske blade, som jeg kunne rive i strimler. Sirligt blev det flettet ind i hinanden i et smukt mønster sammen med silkebånd, jeg havde fundet og i brændte farver.

I går kom jeg forbi en mark, der var hvid af røllike. Så ren og smuk. De kan måske også bruges i hulen, hvis ikke de dufter for stærkt.
Jeg ville ønske, jeg kunne finde en masse rosenblade og strø rundt omkring. Det skulle få min ørn til at tænke på Sarons Rose som et billede på hans elskede. I menneskets verden vist nok – hans kvinde.
Der er skrevet meget om, hvem Sarons Rose er, men dette symbol er nu det bedste, synes uglen.

Jeg har for nylig læst et vidunderligt digt om Sarons Rose og i dette digt, var der så meget, der mindede mig om livet med min store, stærke ørn med det vidunderlige favntag. Den ene vinge under mine skuldre og den anden over mit bryst.

I nat vil jeg sidde og stirre mod Cassiopeia og øst for Perseus, som minder lidt om en gående tændstikmand med to ben, en overkrop og ikke meget hoved, og jeg vil håbe på at se et stjerneskud og sende kærlige tanker.

Desværre var det overskyet, men måske i morgen. Jeg vil sende så mange kærlige tanker og energier, så han kan mærke mig helt ind under huden.

Det er nu den sidste dag, inden min ørn igen er hjemme hos mig i vores hule langt inde i skoven. Et vidunderligt sted min ørn fandt og fik mig lokket væk fra det smukke vindue i kirken. Og det har jeg aldrig fortrudt.
Sengetæppet var færdigt. Det var dejligt blødt og i et smukt mønster. I morgen lægger jeg det frem, så min ørn hurtigt får lyst til at favne mig under det. Hvis han ikke er for træt.

I dag er dagen, hvor jeg igen skal se ham, og jeg kan næsten ikke vente.
Tæppet var nu lagt frem på det rosenbestrøget leje. Jeg har lavet hans livretter klar. Ristede svampe og en god øl. Ørnen kom jo tilbage fra menneskets verden, og han havde sikkert smagt lidt af det, mennesket sætter pris på.

Jeg satte mig forventningsfuld i hulens åbning og ventede og ventede.
Pludselig kunne jeg høre ørnens vingesus i det fjerne. Jeg kneb øjnene sammen og fulgte ham fra en lille prik i horisonten til han med smil landede hos mig. Vi var helt kåde og kunne ikke sanse at slippe.

Han lagde mærke til duften af rosenblade. Det fik ham til at tænke på Sarons Rose. Hans skønneste ugle. Han så det nye sengetæppe og hev mig omkuld. Lad os favne hinanden under det smukke tæppe, sagde han.

Vi lå viklet ind i hinanden, og han fortalte om sine oplevelser i menneskets verden. "Tror du også menneskene ligger under et tæppe, som vi gør", spurgte den lille sarte ugle. "Ja men jeg tror, de ligger nøgne og klamrer sig til hinanden, mens de fortæller historier".

Det lyder forrygende, synes uglen.

Ørnen var træt efter den lange flyvetur. Lad os sove lidt, og når vi vågner, hygger vi os med hinanden, for meget skal indhentes, sagde ørnen.

Jeg tog hans vingespids i min mund og kyssede den. Han var allerede gledet ind i søvnen og til drømmens rige.
Jeg kunne ikke lade være med at smile og sagde stille.
"Aldrig mere 10 dage væk".

Månens fortælling om en fjer

En fortælling fyldt med metamorfoser

For mange år siden var der en dreng, der altid gik rundt i skoven omkring landsbyen Edur og lyttede til fuglenes sang. Men nok så vigtigt, han vendte alle de store sten, han så, for at se om der var noget under dem.

Han havde hørt, at under en sten, der netop var så stor, at han lige kunne løfte den, var der noget, han skulle bruge på sin færd gennem livet.
Og en skønne dag vendte han netop den sten.

Nede under den lå der en fjer, fortalte månen den fine gamle dame og den unge pige, der sad på eventyrbænken og lyttede. En fjer fra en fugl, kunne drengen se.
Men hvilken fugl? Det måtte være en stor fugl, tænkte drengen.
Han kikkede sig omkring, men kunne ikke få øje på en eneste fugl. Han gik derfor længere ind i skoven

"Du ved", sagde månen til damen og pigen, "at tiden kan forsvinde, flyve af sted og stå fuldstændig stille".
Og det var det, der skete for drengen.

Tiden fløj af sted. Og pludselig var han i midten af skoven, i midten af sit liv.
Drengen havde gået i en uendelighed, og var nu ikke længere en dreng, men en voksen mand med et sort skæg.
Fuglefjeren stak han ind i skægget, så han havde begge hænder frie til at plukke bær.

Han havde nu gået i en menneskealder og var kommet til en lille sø med det klareste vand, man kan tænke sig. Han kikkede ned i det og så, at hans skæg var hvidt, og hans hår havde den samme hvidhed. Det stod omkring hans hoved, som var det fjerene på en ørn. Hvor så det mærkeligt ud i skovsøen, hvor også grønne planter spejlede sig.

Han rystede "fjerene" og gik videre, dybere og dybere ind i skoven.
På et tidspunkt tænkte han, hvorfor går jeg her i den mørke, tavse skov og leder efter en fugl, der måske ikke engang findes. Jeg vender om.

"Ved du hvad", sagde månen til pigen, der nu var blevet til den smukkeste ugle," jeg synes. du skal hjælpe drengen, der nu er blevet en hvidhåret mand, han kan vist ikke finde ud af det alene. Flyv ind i eventyret".

"Kan man det", sagde uglepigen og den fine dame som med en mund.

"Flyv", sagde månen, "og kom tilbage og fortæl mig, hvad du oplevede".
Og uglepigen fløj ind i eventyret.

Pigen, der nu var den smukkeste sarte lille kirkeugle, fandt den hvidhårede mand og sagde, "du fandt en fjer, som du stak i skægget, men du skulle have sat den på ryggen, så ville du kunne flyve op mellem træerne og der finde vej til det smukkeste træ i skoven".
Fjeren blev sat på ryggen "Nu er du blevet min ørn, og vi kan begge flyve". Uglen viste vej fra Edur over marker over enge. Til åen der ender, over slåenbuske med torne og de fandt det træ, drengen havde ledt efter uden at vide, at det var det, hele hans søgen gik ud på.
Skovens dyr hilste dem velkommen.
De, der havde hale, viftede med den og fuglene brugte deres stemmer og sang i vilden sky af glæde.
"Nu er vi hjemme, og det er for evigt" sagde uglepigen til sin ørn.

Det var, hvad pigen fortalte månen, da den skinnede så smukt en stjerneklar nat.
Eventyret sluttede lykkeligt.

Juleeventyr

Uglen og ørnen havde bygget deres hule i en hængeask, der voksede ved den eventyrlige kilde Edur og netop havde sit udspring her.
Asken sendte sine rødder hen efter det kostelige vand, som også uglen og ørnen havde drukket af.
Havde man stået inde under træet i det øjeblik, ville man have set, at asken forvandlede sig til en gylden ravklump, der fløj som en lysende stjerne mod Cassiopeia.

Kirkeuglen sad i deres hule i et væld af gran, hjerter og lys. Hun havde samlet de sidste slåen for at putte dem i lysende skåle.
Hun tænkte på sin kærlighed, der om en evighed ville komme flyvende og hun håbede, at han ville favne hende på puderne i lysets skær

Ørnen fløj i ensom majestæt og med sine rolige vingeslag var han tæt på Cassiopeia og Andromeda.
I det fjerne hører han sin ugle kalde: Kom min ørn. Kom og lad os favne i vores lysende hule.
Det er evigheder siden.
Med voldsomme vingeslag vendte ørnen hastigt om og fløj mod den lyse hule.
Uglen var stadig i hulen, da ørnen forsigtigt bankede på ruden med det yderste af sine svingfjer.
Hun åbnede døren ind til det fortryllende rum af lys og dufte, og den skønneste musik, noget menneske har hørt, og de favnede hinanden og græd af glæde over endelig at være sammen.
Hun lukkede døren forsigtigt.

De blev i deres skønne hule for deres første jul skulle fejres mellem gran, hjerter og lys.
Med flettede fingre fortalte de juleeventyr, der altid var fyldt med magi.

Nu blev der liv i skovbunden, og nisser og trolde kom frem fra deres skjul, for nu blev det jul.

En porse og en slåen snaps skulle nydes og ingen måtte snydes. Alle samledes i den skønne hule med dans, sang og bægerklang.
Det var en skøn frostklar nat, og stjernerne lyste på himlen. Alle var så glade.

Uglen og ørnen havde trukket sig tilbage på deres smukke tæppe, og der sad de flettet ind i hinanden i et varmt favntag.
Uglen så på sin ørn, smilede og ørnen kyssede hendes næsetip.
Glædelig jul min uglepige. Denne skønne julenat ville de aldrig glemme.
De faldt i en fredfyldt søvn, og i drømme fløj de til Cassiopeia og Andromeda.

Det blev atter morgen, og stadig lå de i favn, da de vågnede og nærmest på samme tid.
De smilede og kyssede hinandens kind, pande, mund og næsetip med masser af fjer i munden, men pyt. De fortalte om deres drømme.
Enige var de om at få en fin dag, og ørnen trykkede sin ugle ind til sig.

Hvad månen vil fortælle mig

I denne frostklare nat stod den gamle måne så lysende klar på himlen og skinnede gennem de høje graner på den anden side af vejen. Den spejlede sig i den klukkende å. Jeg er opfyldt af en varme og glæder mig til, hvad månen vil fortælle mig. Det er som om, man kender månen, for den har altid været der. Kysser månen mig på panden lige inden jeg falder i søvn? Eller er det ørnen?

Månen fortalte mig i nattens drøm om oldtidens smukke søjler i det gamle Grækenland.
Vil den måske fortælle en smuk historie om en ørn og en ugle, der glade flyver i vinden og basker med vingen? Spiller Afrodite en rolle og går hun arm i arm med Athene. Hænger kærligheden sammen med visdom?

Mange spørgsmål forblev ubesvaret. Jeg må spørge min ørn i morgen. Og sende ham billeder af, hvad jeg har set.

Ud på natten ændrede vejret sig og regnen slog mod ruden. Inden månen forsvandt i det gryende morgenlys fortalte den, at vi er på vej mod længere dage og lyse tider. Det er der ikke noget nyt i min måne. Men var det et signal til mig om, at foråret var på vej og erantis, violer og krokus snart ville male landskabet? At når lyset kommer, ser alting lysere ud for os? Vi ses måske i morgen til nye drømme kære måne.

Jeg sidder i mit lune hjørne i stuen. Det hjørne der vender mod haven og åen. Min kurvestol slutter op omkring mig og et tæppe er bredt ud over mine ben. Lidt koldt er det her i december måned.
Jeg kigger mig omkring og ser det skønne grantræ, der stadig står struttende med lys, engle, kugler, flag og stjernen i top. H.C. Andersen har skrevet om et grantræ, der havde sin bedste tid i skoven.

Det voksede og voksede og bemærkede slet ikke, hvad nuet havde at byde på.
Mit grantræ har ikke mange år på bagen, men jeg måtte have netop dette træ. Det var som om det sagde. Hent din sav og jeg vil gerne med dig hjem.
Jeg har pyntet det så smukt og på en af grenene med kroppen mod stammen sidder en nisse. Den venter på mig hver dag for den ved, at jeg vil kysse den på næsetippen.

Min ørn ligger og sover og månen har fortalt en historie, som kun ørnen oplever i sin søvn fyldt med drømme og fantasi. Ørnen er helt væk og smågrynter i søvne.
Flere nætter er gået med månens fortællinger og uglen og ørnen har gladeligt fortalt hinanden om deres drømme. Dem de kunne huske. Ofte drømme med poesi og med besøg i deres vidunderlige hule med farver, lys, musik og kærlighed. Altid vågner de op til en ny dag. Langt fra virkeligheden og alligevel ikke.

Det er blevet årets sidste morgenstund. Uglen og ørnen ligger tæt i favn med vingerne flettet ind i hinanden. Et favntag så vidunderligt. Nissen hygger sig og får mange kys på næsetip.
Uglen og ørnen tænker på de glæder, der ligger forude, og hvor livet er malet i den store palet.

Den søde juletid er forbi, og det skønne grantræ skal forlade mig.
Det er igen i år blevet en ven, som jeg hver aften har nydt i mørket med sine lys.
Nu skal julepynten pakkes ned. Det skal gøres med samme omhu, som når træet pyntes. Først engle, kugler, flag, gamle pap julenisser. Lyskæden derefter.

Min nisse får det sidste kys på næsetippen og sammen med mine fugle med de fantastiske fjer og smukke stemmer pakkes de nænsomt ind i det blødeste klæde.
Fuglene og nissen er blevet de bedste venner og hører nu for altid sammen.

Når jeg ikke ser det, flyver fuglene med nissen skjult mellem fjerene frit omkring og leder uglen og ørnen til deres vidunderlige hule, inden de flyver tilbage til deres skjul i det bløde klæde og sover sammen til næste jul.

Jeg ser på det nøgne træ. Stadig smukt.
Sætter mig i mit hjørne og læser igen Peters jul, inden den også lægges bort til næste jul.

Kupe nr. 18

Ferietoget holder på perronen og venter på afgang til nye oplevelser. Jeg sidder og venter på afgang, og har på stationen trukket en kop kaffe i automaten og smiler lidt.

Jeg rejser mig fra min bænk, ser mig ikke tilbage og drikker den sidste slurk. Går på perronen. Finder min kupe nr. 18 (min fødselsdato i øvrigt) og sætter mig. Jeg har husket min skriveblok og mine bøger og så en whisky til turen.
Toget sætter i gang. Den store stærke ørn og den lille sarte kirkeugle følger med et stykke. Jeg vifter dem væk med ordene "flyv tilbage til hulen, leg og hyg" siger jeg, og de hører mig.

Smilet begynder i min mave og breder sig ud i kroppen. Fik jeg købt en returbillet? Nåh det ordner sig nok.
Læner mig tilbage. Jeg er alene på denne tur og nyder stilheden, og jeg lukker mine øjne med smil om læben og med tanke på det åndfulde, det poetiske. En vidunderlig verden. Jeg skænker mig en whisky.

Toget holder stille og jeg vandrer op i højderne og ser et fantastisk landskab. Her sætter jeg mig og tænker på mit liv og menneskene omkring mig. I nat vil jeg sove under åben himmel, kigge på stjernerne og sende tanker til Cassiopeia.

Det er blevet morgen. Jeg vandrer ned fra det skønne sted på bjerget med det bløde dejlige græstæppe, og toget kører videre. Jeg finder min kupe og sætter mig til rette med min blok.
Inden længe standser toget. Jeg stiller mig selv spørgsmålet. Hvor skal jeg hen? Svaret er, at jeg ikke ved det. Jeg er fast navlet til kupe 18. Jeg er igen i et tankemylder. Læner mig tilbage. Er det for tidligt til en whisky? Næh.
Jeg ønsker at blive befriet for tanker, jeg ikke kan gøre noget ved. Skæbnen er uundgåelig.

Jeg har urolige tanker i min drømmeverden. Jeg har ofte spurgt mig selv, om tiden er inde til at give slip. Får intet svar.

Jeg sidder fortsat i min kupe nr. 18 og toget kører videre – hvorhen? Ved det ikke og jeg følger med og ser, hvad der sker. Jeg falder igen tilbage til de mange forskellige tanker.
Den ene verden skriger på ro, fornuft og omtanke. Den anden på tanker om berøring på forskellig vis. På følelser og drømme. På vildskab i poesiens og lyrikkens univers. Jeg er umættelig og har suget til mig af ord og tanker.
Jeg kan fortsætte med at drømme og fantasere. Det kører lidt i ring for mig. Jeg drømmer om at komme ind under dynen, ligge tætte under de beskyttende vinger. Være nøgne i krop og sjæl. Få en masse fjer i munden. At benytte sig af metamorfoser er en god ting.

Mon et lille glas kan klare tankerne. Det tror jeg vist ikke selv på. Mine tanker er et stort mylder. Min flaske er ikke tom endnu, så måske.
I vores kærlighed skal vi nødvendigvis være voksne, og hvordan er man det?
Jeg er hverken klog, fattet eller modig.
Jeg har i mit stille sind glædet mig til at holde din hånd. Min kærlighed til dig kan der ikke ændres på. Jeg har elsket dig så længe.

Toget er standset ved endestationen. Jeg pakker mine ting. Der er vist en enkelt whisky tilbage. Jeg stiger af.
Ingen returbillet.
Hvor skal jeg hen? Aner det ikke
Nye eventyr venter måske forude.

Ser mig ikke tilbage.

Stemningsbilleder

SKUDEN

Jeg så dit liv som en sejlads og dig som en skude.

Den smukkeste skude i havnen.

Under dækket havde du et rum, der var så godt beskyttet mod alt, at ingen kunne trænge ind i det. Her opbevarede du din kærlighed til mig, og fragtede den sikkert gennem alle storme og katastrofer.

En sejltur der varede i mange år.

Endelig kom du i havn, hvor den eneste, der havde nøglen til rummet, boede. Han åbnede indtil rummet, og alt var fyldt med kærlighed, og rummet kan aldrig mere lukkes.

MORGENSTUND

Ud af morgendiset træder gartneren. I dag skal roserne beskæres nænsomt. Alt dufter omkring ham og duggen har lagt sig beskyttende på rosernes smukke blomsterhoveder.

Duggen ligger som perler på snor i hans fyldige skæg, som næsten skjuler den dejlige mund.

Uglen ser på gartneren fra sit skjul og øjner chancen for at forvandle sig til den smukkeste af alle rosenknopper. "Jeg skal blive så smuk og dufte så skønt, så gartneren må plukke mig og tage mig i sin hånd med smil om mund. Kysse mig og putte mig til sit hjerte", siger uglen.

Duggen er forsvundet og solen titter frem. Gartneren har glemt, hvorfor han kom. Rosenknoppen putter sig for altid ved hans hjerte

HJEM TIL HULEN

To vingeskudte fugle havde fundet ly for blæsten på slåenstien, hvor åen ender.
Deres sted.
De sad der og puttede sig ind til hinanden.
"Godt vi har hinanden, "sagde kirkeuglen mens hun så op på sin ørn.
Ørnen svarede med et varmt favntag.
"Du må aldrig forlade mig", sagde uglen og til det svarede ørnen "det gør jeg aldrig".
"Jeg har noget ny musik, når vi kommer hjem. Det er Brahms Requiem.
Det er et fantastisk musikalsk værk, så der skal vi ligge helt stille med hinanden i
hånden og lytte."
"Hvad med en porsesnaps" spurgte uglen."
"Det kan vi vist godt klare ind imellem. Skal vi flyve hjem?"
Og det gjorde de.
Trygt og varmt.

RASTLØSHED

Månen mærkede min rastløshed og sagde "flyv til hulen og jeg vil sende din ørn
afsted, så han kan elske dig på de skønne tæpper. Husk at tænde lys og find den
smukkeste musik"
Og jeg fløj og landede og gjorde, som månen sagde.
Der gik et lille stykke tid, før jeg hørte vingesus, men så var ørnen der, og vi elskede
mange timer.
Han var så stærk og fast. Min rastløshed forsvandt, og vi lå tæt i favn.
Tak min måne

HØJT PÅ HIMLEN

Højt på himlen flyver uglen med sin ørn.
De leger og er kåde og flyver meget tæt. Vingespids mod vingespids prøver de at flyve i favn.
Det er ikke nemt med ben flettet ind i hinanden og fjer over det hele. De gør, hvad de kan.

Kaptajnen styrer sikkert sin skude i havn.
Gartneren beskærer sine elskede roser på nær en.
Den smukkeste skærer han med forsigtighed. Den skal i vase og minde ham om, der var engang.

På stranden går to elskende hånd i hånd og følger skuden.
Han vender hendes ansigt mod sig og tager under hendes hage, som han løfter bagover og med fryd kysser han opstoppernæsens tip.
Hun smiler og griber hans hånd. Fører den til sin rosenknop og den bliver som en sitrende stjerne.

De lægger sig i strandkanten i favn. Se siger ørnen til sin ugle.
Det er os, der ligger i favn på stranden. Solen går til ro i de smukkeste farver.
Snart bliver himlen sort og stjernerne oplyser himmelrummet og leder ørnen og uglen hjem til deres dejlige hule dybt inde i skoven.

GENSYN MED HULEN

Jeg er fløjet og landet i vores vidunderlige hule.
Jeg har porse med og på et tidspunkt hører jeg nok velkendte vingeslag.
Putter mig under tæppet og ser på den rødglødende ild.
Kigger op i loftet og lader tankerne passere revy med bankende hjerte.

BLIVER JEG LYKKELIG?

For mange somre og vintre siden boede en lille lyshåret pige hos sin mormor langt væk fra byen, hvor hendes forældre og søskende var.

Mormoderen og pigen elskede hinanden. Pigen var så lille, så hun måtte sætte en stol op foran vinduet for at kunne se ud over haven med de skønneste roser og hendes øjne bevægede sig hen over marken foran hende. Hun frydede sig over de smukke markblomster og hendes øjne fangede en dreng i løb over marken. Der var heste og køer, og mormoderen fortalte, at det var Tranegården og drengen skulle hjælpe sin far med at få køerne hjem i stalden. Dette skue fulgte pigen den ene dag efter hinanden. Hun tænkte, mon drengen vil spille bold? Mormoderen kaldte og pigen hoppede ned fra stolen. "Kommer nu" sagde pigen og de satte sig i haven med et glas mælk. Pigen drømte, som små piger ofte gør.

Hun spurgte sin mormor "bliver jeg lykkelig"? Mormoderen svarede. "Lykke er en underlig størrelse. Du skal ikke gøre dig tanker om det nu".
"Mormor jeg spurgte dig om noget". Mormoderen så på hende og smilte. "Opnår du glæde og tilfredshed i dit liv, vil du opleve lykke". "Jamen så er jeg jo lykkelig", sagde den tænksomme pige og gav sin mormor et kram.

Årene gik, mange somre og vintre. Meget var hændt for den lille pige, der nu var blevet voksen. Hun ønskede hendes mormor var hos hende, så hun igen kunne spørge.

Forbliver jeg lykkelig?
Pigen gik ud en stjerneklar nat. Så op mod mormoderens lysende stjerne. "Hvis du kan høre mig mormor, så svar mig. Forbliver jeg lykkelig?"
"Min pige. Du skal kæmpe for glæden og tilfredsheden i og med livet. At være elsket er ikke en selvfølgelighed. Du har så mange værdier i dig og så mange omkring dig,

der elsker dig. Du skal finde tilbage, og det er kun dig, der ved hvordan. Jeg har også
en gang imellem gået min vej igennem livet med tårer, og det kan blive godt endda.
At miste er en del af livet. Jeg ønsker, du skal gå gennem livet i glæde og solskin.
Måske forbliver du lykkelig min pige. Jeg er med dig. Kæmp for det".
Pigen sendte sin mormor et smil, vinkede til stjernen og sagde. " Elsker dig mormor.
Måske kommer jeg igen".

I MÅNENS SKÆR
Uglen kom flyvende.
Baskede med sin fjerpragt og landede
på en træstub helt nede ved åen.
Hun tænkte, her kan min ørn se mig.
Hun ventede vel en times tid. Havde næsten opgivet,
da ørnens vingesus hørtes,
og han landede i uglens favn.
Og sådan sad de til månen stod højt på himlen.
I månens skær fløj de vinge
mod vinge til deres dejlige hule
og faldt i søvn med kys på næsetip.

FLYV MED MIG
Flyv med mig til Cassiopeia og lad os der gå ind i eventyrets indre i et favntag og en
kærlighed så stor. Som aldrig set. Kom med mig. Vinge til vinge.
Vi kan nå det inden midnat, hvor månen vil følge os på vej.
Din favntagshungrende ugle.

SELVESTE JULENAT

Den lille sarte kirkeugle var som besat og uden mulighed for at nå sin beskyttende ørn.

Men en aftale er en aftale, sagde hun stille for sig.

Jeg ved han er der, og jeg har min nisse, der sidder så glad og fro og putter sig i det skønne juletræ badet i lys med stjernen i top.

Det er julenat

Jeg vil sove i hulen. Vores hule hvor vi er så tætte.

Stjernerne vil vise mig vej og mine øjne ser klart i den mørke nat.

Uglen kyssede sin nisse på næsetippen. Vi ses.

Et vindue stod på klem, og hun lettede forventningsfuld og landede i hulen.

Hun lagde sig under det smukke tæppe og faldt hurtig i søvn.

I drømmen kom ørnen og lagde sig i favn.

En dejlig drøm.

EN DAG VED ÅEN

En dag som så mange andre. Mit hoved er tomt, men alligevel fyldt med mange tanker. Kan det lade sig gøre, spørger du måske – ja i mit hoved.

Vejret lidt køligt. Vinden leger med bladene og de tynde grene i de store træer, som haven er fyldt med.

Jeg holder meget af at sidde netop her på dette sted, og hvor vindens lyde blander sig med åens beroligende rislen.

At iagttage de små bølger, der fremkommer ved de store sten i åen, udlagt som gydebanker for aborre og ørred, gør mig rolig.

I det fjerne høres de travle mejetærskere og en enkelt græsslåmaskine.
Det afskårne græs kastes ud på marken til de i øvrigt ventende køer, som ved et fløjt er kommet til.

Svalerne pipper fra deres bolig under tagspæret. Hvor mange unger mon der er? Hvornår er de flyveklare? Tænk hvis jeg lige netop var tilstede og kunne se, når ungerne skulle på deres første flyvetur ud i det for dem ukendte.

De voksne svaler er fantastiske flyvere. Deres evne til at undgå sammenstød i luften er bemærkelsesværdig. Mon ungerne bliver taget ved hånden på deres første flyvetur eller skubbes de bare ud over kanten fra den varme rede?

Spørgsmål jeg ikke ved selvsyn får besvaret. Nej jeg må nok i gang med noget fuglelitteratur. Bøgerne står i reolen, men tænk hvis det skete lige nu.
Min kaffe er blevet kold. Drikker den og glider tilbage til mine tankers eventyrlige og mangfoldige rige.

Tænker mit liv sikkert har formet sig som så mange andres.

Op- og nedture i skøn forening. Masser af dumheder har jeg begået. Mine dispositioner har bestemt ikke altid ført mig frem til det bedre.

Jeg fryser og må forlade dette skønne sted ved åen, men jeg kommer igen.

KÆRLIGHEDENS LIM

Den vigtigste lim vi overhovedet kan finde er kærlighedens lim. Den lim der binder mennesker, familien, forældre, børn, børnebørn og oldebørn sammen.

"Mormor – hvor kan man købe den lim"?

"Den lim kan ikke købes – hverken i Kolding Storcenter, Bryggen, hos købmanden i Ødsted ej heller hos bageren".

"Kan kærlighedens lim ikke slå revner"?

"Limen kan være meget stærk, og jo den kan også slå revner.

Det vi skal huske er, at reparere så hurtigt som muligt for så binder kærlighedens lim bedre.

Det nytter ikke noget at tro, at reparationen kommer af sig selv. Vi skal dog ville reparationen og jo hurtigere jo bedre.

Limen må gerne boble op ind imellem, fordi den mangler lidt ekstra bindemiddel. Så heles revner og sprækker på ny.

Ingen går igennem et langt liv uden revner i kærlighedens lim".

ET NYT LIV

En lille smuk ugle landede på den stenede strand tæt på Edur.

Her sad den og tænkte tilbage på sit liv, før ørnen igen kom forbi.

Var det et godt liv? Ja det var det vel.

Men der manglede noget, så hun kunne finde ind til sit sande jeg.

Ørnen gav hende nyt liv. Han vidste, hvad der gemte sig i hende.

Uglen forsøgte at give ham et andet indhold i livet.

Havde han behov for det? Næppe, men modstå uglen kunne han ikke.

Engang mødes de måske.

TÅSPIDSDANS

Den lille sarte kirkeugle sad på det smukke tæppe i hulen dybt inde i skoven.
Nisser og trolde var gået hver til sit og den stærke ørn var på en af sine natlige
 flyvninger.
Der var varmt i hulen med den smukke julepynt. De levende lys skulle fortsat skinne
og blafre i flammens naturlige rytmiske bevægelser.

De lys, der skinner, giver uglen og ørnen et optimistisk syn på fremtiden. Hvor livet
danser en tåspidsdans og vingerne breder sig ud og favner lyset.
Alt dette tænkte uglen på og det fornemmede ørnen, der skiftede retning mod hulen.

Ørnen savnede sin ugle, og han fløj ind gennem hulens åbning og favnede det
kæreste.
Kom lad os krybe sammen i lysets skær og blive et med flammernes smukke
bevægelser.
Og sådan blev det.

MIT HJERTE STOD STILLE

Mit hjerte stod stille, da du fløj ind til mig. Vi favnede hinanden og faldt i en sødme-
fuld søvn med drømme og fantasi. I søvne griber vi hinandens hænder.
Inden du vågner er jeg, din ugle, på vej ud af det åbne vindue.
Du vågner og kigger mod vinduet, og når lige at se mig flyve væk. Jeg vinker med
vingen med smil om mund. Hav en dejlig dag, når du lige at høre mig sige, og så er
jeg en prik i det fjerne.
Du flyver efter mig og indhenter mig, inden jeg flyver ud over havet.
Må din dag blive smuk og glad, når du at sige.
Vi ses engang.

Epilog

I mit forord skrev jeg om Yggdrasil, verdenstræet, som ofte er symbol på håb, fremtid, styrke og mod. Livets træ er kimen til styrke og mod.

For at skrive om "Min skønne rejse" har jeg netop haft brug for styrke og mod. Jeg har gennem årene fået den nødvendige næring for at udvikle mig – ja for at leve.
Har det været svært, spørger du måske.
Den første del, om selve kunsten og mit virke der, har helt givet sig selv, men når jeg har bevæget mig ind i det poetiske har meget ramt mig.
Det er en vidunderlig verden for mig at bevæge mig i, men hvor hudløs ærlig kan man tåle at opleve sig selv?

Jeg har tilladt mig at drømme og fantasere med opbyggelige fortællinger. Det er for det meste fiktion og jeg har gjort brug af metamorfoser.
Hvor meget er mig selv? En del vil jeg sige. Jeg har i livet lært, at man aldrig skal opgive håbet om at finde hjem. Jeg siger ikke, det er nemt. Jeg har med mine poetiske digte, fortællinger og stemningsbilleder fundet hjem til en meget vigtig del af mig.
En sanselig og underfundig verden.

Det har været en årelang proces med mange tanker, der skulle omsættes. Og meget af det skrevne blev sammenkrøllet lagt i papirkurve rundt omkring.

Jeg fik mange ideer i processen, jeg anlagde tonen, jeg så i billeder, og meget fik jeg heldigvis nedskrevet og gemt.
Undervejs har jeg overvejet, tænkt, følt med hovedet og maven.

Jeg håber, mine læsere oplever en sprudlende poesi med mange drømme, megen fantasi og med fiktion og virkelighed.

Måske vil nogle sige "det kunne lige så godt være mig". Poesien skal røre, den skal boble og føre os fra et sted til et andet. Vi vælger selv.

Og hvad så nu?

Måske skal jeg skrive en lille roman, om?
Intet er vel for sent.

Britta Elhøj Greve
I livets efterår 2024

Skulle jeg leve mit liv om

Ville jeg danse og grine noget mere.
Ville jeg ikke tage mig af så mange problemer omkring mig og gøre dem til mine.
Jeg ville være mere afventende. Tænke og gruble mindre.
Ville jeg mere være mig og handle derefter.
Ville jeg være taget på universitetet og læst dansk.
Ville jeg være gået på forfatterskole.
Ville jeg have udgivet min første bog og fyldt den med digte og eventyr.
Ville jeg med min kunst have været mere opsøgende.
Ville jeg sidde i et primitivt sommerhus, kigge ud over vandet og lade tankerne få frit løb med bobler i det smukkeste glas, jeg kunne finde. Skåle og sende tanker til alle dem jeg holder af og har holdt af.

Men jeg skal ikke leve mit liv om, for det kan jeg ikke. Men lige nu er intet vel for sent.

Nutiden er, hvad vi har. Nutiden udvider sig, og når den ikke længere kan det, er det slut.
Fremtiden kender ingen.

De, der danser anses for gale af dem, der ikke kan høre musikken.
Friedrich Nietzsche

Livet er som at køre på cykel. For at holde balancen, må man holde sig i gang.
Albert Einstein

De sidste ord er også de første.
Man finder kun hjem, hvis man først farer vild.
Magtens korridorer